BEI GRIN MACHT SICH IHR WISSEN BEZAHLT

Manuela Aberger

Inhaltszusammenfassung und Kritik zu Vera F. Birken-bihls "Trotzdem Lehren"

GRIN Verlag

Bibliografische Information der Deutschen Nationalbibliothek:

Die Deutsche Bibliothek verzeichnet diese Publikation in der Deutschen National-
bibliografie; detaillierte bibliografische Daten sind im Internet über http://dnb.d-
nb.de/ abrufbar.

Impressum:

Copyright © 2011 GRIN Verlag GmbH
Druck und Bindung: Books on Demand GmbH, Norderstedt Germany
ISBN: 978-3-640-96283-9

Dieses Buch bei GRIN:

http://www.grin.com/de/e-book/175364/inhaltszusammenfassung-und-kritik-zu-
vera-f-birkenbihls-trotzdem-lehren

Institut für Erziehungswissenschaft

SS 2011

Seminararbeit über das Buch „Trotzdem Lehren" von Vera F. Birkenbihl:

Inhaltszusammenfassung und Kritik

25.06.2011

Manuela Aberger

2

Inhalt

Vorwort

Ich möchte mich heute in meiner Arbeit mit dem Werk „Trotzdem Lehren", geschrieben von der Autorin Vera F. Birkenbihl, auseinandersetzen. Warum ich gerade dieses Buch gewählt habe, liegt darin begründet, dass ich mir schon seit Langem die Frage stelle, wie LehrerInnen Lernende am besten zum Mitdenken im Unterricht motivieren können. Ich war schon selbst des Öfteren in der Situation, dass ich eine Vorlesung besuchte und mich nach Verlassen des Hörsaals fragte, worüber die Vorlesung inhaltlich eigentlich gehandelt hat. Ich habe anders ausgedrückt, das meiste des Vortrags wieder aus dem Gedächtnis gelöscht und musste zu Hause das Gelernte neu lernen, was natürlich erneut einen hohen Zeitaufwand mit sich brachte. Deshalb gehe ich heute auch mit der Frage an das Thema heran, welche Techniken man anwenden kann, damit sich Lernende einen Lernstoff, unabhängig davon wie schwierig und welchen Umfang er hat, schneller, besser und länger merken können. Im Falle, dass ich selber einmal mit Kindern arbeiten werde, möchte ich ihnen den Lernvorgang so einfach wie möglich gestalten und ihnen zeigen können, dass lernen auch Spaß machen kann, wenn man es richtig macht. Wie das gehen soll, zeigt uns Frau Birkenbihl in ihrem Werk. Zunächst möchte ich zu Beginn ein Kapitel bearbeiten, das ich „40 Sprichwörter" benenne. Diese beziehen sich zwar nicht auf das Werk Birkenbihls aber sie erscheinen mir dennoch notwendig zu sein. Den Grund dafür können Sie im definierten Kapitel selber nachlesen. Danach werde ich mich mit den Problemen, die die Autorin hinsichtlich heutiger Industriestaaten sieht, auseinandersetzen. Als Nächstes werde ich auf die Ziele des Buches genauer eingehen und anschließend aufzeigen, welche Verbesserungsvorschläge Frau Birkenbihl für LeherInnen hinsichtlich verschiedenster Techniken gefunden hat. Hierzu muss ich anmerken, dass Frau Birkenbihl insgesamt 39 verschiedene praktische Techniken anführt. Ich werde aber in meiner Arbeit nur auf einzelne, von mir ausgewählte Techniken eingehen, weil alles andere den Umfang meiner Arbeit sprengen würde. Darauffolgend möchte ich noch auf den Punkt „Prüfungen helfen nicht" eingehen, weil diese Methode auch heute noch in allen Schulen ausnahmslos angewandt wird. Um meine Arbeit schließlich zu vollenden werde ich im Falle, dass es welche gibt, Kritikpunkte aufzeigen und versuchen, Verbesserungsvorschläge zu bringen. Ich wünsche Ihnen viel Vergnügen beim Durchlesen meiner Arbeit.

4

40 Sprichwörter

Da der Dozent Sprichwörter als sehr bedeutend empfindet, hat er uns Studierende der Erziehungswissenschaften dazu beauftragt, innerhalb eines Semesters so viele Sprichwörter, wie möglich zu sammeln und diese aufzulisten. Deshalb werde ich Ihnen nun meine ausgewählten Sprichwörter vorstellen und Sie gerne dazu einladen, sich Gedanken über ihre Inhalte zu machen. Ich persönlich bin der Ansicht, dass man aus Sprichwörtern sehr viel lernen kann, weil es sich dabei meiner Meinung nach um Alltagstheorien handelt, von denen die meisten wahrscheinlich allseits bekannt sind, und weil sich diese Sprichwörter, so glaube ich, für die Problembewältigung verschiedenster Bereiche sehr gut eignen, da jedes einzelne Sprichwort in gewisser Weise Ratschläge enthält, die man bei Bedarf im Alltagsleben anwenden kann. Ich wünsche Ihnen viel Spaß beim Durchstöbern und hoffe, Sie können sich einige davon zu Nutze machen.

1. Aller Anfang ist schwer.
2. Alles Gute kommt von oben.
3. Auch Rom wurde nicht an einem Tag erbaut.
4. Aus den Augen, aus dem Sinn.
5. Der Apfel fällt nicht weit vom Stamm.
6. Ohne Fleiß kein Preis.
7. Der Glaube kann Berge versetzen.
8. Ehrlich währt am längsten.
9. Jeder ist seines Glückes Schmied.
10. Eine Hand wäscht die andere.
11. Es gibt nichts Gutes, außer man tut es.
12. Es ist noch kein Meister vom Himmel gefallen.
13. Frisch gewagt, ist halb gewonnen.
14. Gefährlich wird es, wenn die Dummen fleißig werden.
15. Gleich und Gleich gesellt sich gern.
16. Gut Ding will Weile haben.
17. Irren ist menschlich.
18. Ist der Ruf erst ruiniert, lebt es sich recht ungeniert.
19. Ein Lächeln ist die kürzeste Verbindung zwischen zwei Menschen.
20. Lehrjahre sind keine Herrenjahre.

21. Lesen gefährdet die Dummheit.

22. Lügen haben kurze Beine.

23. Kannst du was, dann bist du was.

24. Kleine Kinder, kleine Sorgen. Große Kinder, große Sorgen.

25. Müßiggang ist aller Laster Anfang.

26. Neid ist die ehrlichste Form der Anerkennung.

27. Nicht für die Schule, sondern für das Leben lernen wir.

28. Ordnung ist das halbe Leben.

29. Reden ist Silber, Schweigen ist Gold.

30. Scherben bringen Glück.

31. Selbsterkenntnis ist der erste Schritt zur Besserung.

32. Viele Wege führen nach Rom.

33. Von nichts kommt nichts.

34. Was dich nicht umbringt, macht dich stark.

35. Was Hänschen nicht lernt, lernt Hans nimmermehr.

36. Was du heute kannst besorgen, das verschiebe nicht auf morgen.

37. Was du nicht willst, das man dir tu', das füg' auch keinem anderen zu.

38. Wer flüstert, der lügt.

39. Wo ein Wille ist, ist auch ein Weg.

40. Wo gehobelt wird, da fallen Späne.

Ein kurzer Überblick über das Leben von Vera F. Birkenbihl

Vera F. Birkenbihl wurde am 26. April 1946 in München geboren. Sie studierte Psychologie und Journalismus in den USA. Im Jahre 1969 veröffentlichte sie erstmals ihr Wissen über Lerntechniken, wobei sie sich Unterstützung bei den Erkenntnissen der Hirnforschung holte. Sie veröffentlicht Bücher, hält Seminare und hält Vorträge. Seit 1972 arbeitet Frau Birkenbihl als Trainerin und Sachbuchautorin. Inhalte ihrer Bücher umfassen verschiedene Aspekte des Lehrens und Lernens. Ein wichtiges Anliegen der Dame ist die Vermittlung des „Gehirn-gerechten Lernens". Heute zählt Vera F. Birkenbihl mit über 35 Jahren Praxiserfahrung zu den allgemein anerkanntesten Lerntrainerinnen und ist auch international gefragt. (vgl. Müller 2010) Laut Anhang des Werkes „Trotzdem Lehren", welches im Jahre 2010 veröffentlicht wurde, ist Frau Birkenbihl die Erfinderin des

„Infotainment", das sie mit „gehirn-gerecht" übersetzt. Ihr Kernthema bezieht sich seit Ende der 1960 er Jahre auf das gehirn-gerechte Arbeiten und Zukunftstauglichkeit. Die Gesamtauflage ihrer Bücher und DVDs liegt bei ca. drei Millionen. (vgl. Birkenbihl 2007)

Inhalt des Werkes

a. Probleme im Bildungsbereich der heutigen Industriestaaten

Vera F. Birkenbihl erkennt die Tatsache, dass es in heutigen Industrieländern gravierende Probleme gibt, weil sie nicht in der Lage sind, ihre Jugend auf die zukünftige Wissens-Gesellschaft vorzubereiten. Sie sagt, dass Lehrer einen „Königsweg" haben, wie man lehren muss, dieser steht jedoch im Widerspruch zu den „Strategien", die Schüler selber entwickeln wollen, wenn sie lernen. Es gibt zwar Schüler, die nach dem von Lehrern und Lehrerinnen vorgegebenen Muster lernen können, aber die Zahl derer, die es nicht können wird von Jahr zu Jahr größer. Aus diesem Grund werden immer mehr SchülerInnen auf Sonderschulen geschickt und immer mehr SchülerInnen finden nach Abschluss der Schule aufgrund mangelnder Lese-, Schreib-, und Rechenkenntnisse keinen Ausbildungsplatz. Die Opfer des Systems können aus diesen Gründen nicht in die Arbeitswelt integriert werden. Schuld an diesem ganzen Dilemma hat nach Ansicht Birkenbihls die Gesellschaft selber, weil sie Eltern mithilfe des Druckmittels „Schulpflicht" dazu zwingt, Kinder in die Institution Schule zu schicken, und gleichzeitig nichts dagegen unternimmt, dass viele von ihnen dem oben genannten Schicksal ausgeliefert werden. Wir leben also in einer Zeit, in deren Zukunft es für bildungsarme Erwachsene kaum Arbeitsplätze geben wird. Des Weiteren sind SchülerInnen der heutigen Zeit nicht in der Lage, Aufgaben denkerisch zu bewältigen. In unseren Schulen empfinden Millionen von SchülerInnen lernen als schwer bis unmöglich, weil sie keine Grundstoffe erhalten, die Lernen möglich machen. Außerdem gibt es seit hundert Jahren Techniken, die die Wissensaufnahme im Unterricht und das Lernen zu Hause unnötig erschweren. Sie wissen ebenfalls nicht, dass Lernen mit Lust angenehm, und dadurch sogar leicht werden kann. Das Scheitern von Lernenden liegt der Autorin zufolge unter anderem in der Verwendung der falschen Technik begründet. So zum Beispiel bedienen sich viele Schülerinnen beim Lesen der Methode des passiven Konsumierens eines Textes, was zur Folge hat, dass sie nach dem Lesen eines Textes nichts über den Inhalt wissen und sich dafür selbst die Schuld zuschreiben. Was der Hohn an der ganzen Sache ist, ist der, dass selbst die Gesellschaft den Lernenden die Schuld für alles zuweist. Es herrschen also Opfer- und Täterrollen vor. Unsere Gesellschaft erzieht Kinder und Jugendliche zu Menschen, die panische Angst vor Fehlern haben, was zur Folge hat, dass sie keine neuen Dinge mehr entdecken wollen. Aber „ein Mensch ohne Neugier ist ohne Leben" (Birkenbihl 2007, S. 129) und wenn sie nicht mehr entdecken wollen, lernen sie auch nicht mehr wirklich.

„Ein Mensch der nicht mehr hinzulernt, altert nicht anders als ein Ochse, nur im Körper, denn der Geist wächst nicht mehr mit." (Birkenbihl 2007, S. 129) Die Autorin führt zahlreiche Beispiele an, anhand derer man erkennen kann, dass sich die Politik äußerst wenig Gedanken um unseren Nachwuchs macht. Sie motiviert uns dazu, darüber nachzudenken, wie viel Geld das Land Deutschland für ein einziges Kampfflugzeug im Vergleich zur Bildung von Kindern ausgibt. Des Weiteren ermutigt sie uns, zu vergleichen, wie viel Geld unser Wohnort in Kinder und Jugendliche investiert um dort zu kommunizieren, spielen oder zu lernen. Zusätzlich erwähnt sie die Tatsache, dass rechtsradikale Gruppen Kinder und Teenager mit Spiel- und Sportmöglichkeiten anlocken, ihnen ein geschlossenes Weltbild bietet und ihnen ein Feindbild gegen eine demokratische Gesellschaft vermittelt. Irgendwann erkennen wir, dass es in unserem Land viele von diesen Mitgliedern gibt, und tun so als seien sie ohne Vorwarnung aus dem Nichts aufgetaucht, obwohl man es eigentlich ahnen hätte können. Zuletzt führt die Autorin noch an, dass Hunde in Deutschland ein weit besseres Leben haben als Kinder, was darin begründet liegt, dass ihnen das Gesetz mehr Quadratmeter zugesteht als einem Kind. Die Autorin kritisiert an unserer Politik auch die Tatsache, dass wir von Jahr zu Jahr mehr Kinder auf Sonderschulen abschieben, ohne nach den Gründen für die schlechten Leistungen der SchülerInnen zu fragen. Sie fordert uns auf, unseren Stil, zu unterrichten und zu lernen ernsthaft in Frage zu stellen, anstatt die Problematik weiterhin zu ignorieren und immer noch mehr Auswahlverfahren einzuführen, die zu einer noch höheren Zahl an SchulversagerInnen führen. Wichtig ist die Aussage der Autorin, dass Menschen nicht als Versager geboren werden, sondern laut Etikett als solche abgestempelt werden. Diese Menschen fühlen und wissen genau, dass sie von der Gesellschaft betrogen wurden. (vgl. Birkenbihl 2007)

b. Ziele des Buches „Trotzdem Lehren"

Ein Punkt ist für Vera F. Birkenbihl klar: Lernende sollen gerne zum Ort des Lernens kommen können. Konsequenterweise muss die Schule ein Ort des Lernens werden anstatt ein Ort des Belehrt-Werdens zu bleiben und lernen muss Freude machen. Des Weiteren ist sie der Ansicht, dass das feindliche Klima in Schulklassen abgeschafft werden müsse. Die Autorin möchte daher eine sofortige Erleichterung für alle Betroffenen schaffen, durch Erfolgserlebnisse eine schnelle Verbesserung des Lernalltags vollbringen und sie will die Überzeugung durchsetzen, dass lernen „geil" werden muss, was mit folgenden Begriffen übersetzt werden kann: „gehirn-gerecht", „entdecken", „intelligente Strategien" und „Lernlust" statt „Last". Dies alles möchte sie mit verschiedensten Spielen, Tricks und Experimenten erzielen. (vgl. Birkenbihl 2007) Mit einigen von ihnen werde ich mich im nachfolgenden Kapitel näher befassen. Lehrer müssen sich laut Birkenbihl als DienstleisterInnen betrachten, deren KundInnen die Lernenden sind. Die Autorin möchte uns auch beweisen, dass die große Zeit der herrschaftlichen Beamten vorbei ist, dass wir in das demokratische Wissens-Zeitalter eintreten und dass wir demzufolge junge Leute fit machen müssen, damit sie fähig werden, sich alles Wichtige selber beizubringen. Aus der Überzeugung, dass lernen ein Kampf ist, soll eine Wende zur Einsicht erfolgen, nach welcher Lernen ein Spiel ist. Der Begriff „Spiel" bedeutet hier vollautomatisches Lernen, welches nicht verhindert werden kann. Die Autorin wünscht sich, dass Deutschland, ebenso wie Finnland ein „Lernland" wird um sämtliche Lernprobleme aus dem Weg zu räumen. (vgl. Birkenbihl 2007)

c. Was sollten LehrerInnen anders machen als bisher?

Anstatt die SchülerInnen sich selbst zu überlassen, sollten Lehrende sie laut Birkenbihl aktiv mitdenken lassen um ihr Interesse zu wecken. Dafür gibt es, wie oben bereits erwähnt verschiedenste Methoden. Die Autorin beruft sich auf die doppelte Checkliste, durch welche wir beurteilen können, ob ein Vortrag, eine Erklärung oder Belehrung „gehirn-gerecht" ist oder nicht. Diese besteht, wie es in Tabelle 1 ersichtlich ist, aus einer linken und einer rechten Spalte. Bezogen auf das Lernen, befinden sich in der linken Spalte angeborene neurologische Grundbedürfnisse von Lernenden und die rechte Spalte enthält strategische Maßnahmen, um vorhandene Mängel zu beheben, diese kann man auch mit

9

dem Synonymwort „Trickkiste" benennen. Im Folgenden finden Sie eine solche Checkliste, die einige Stichworte enthält, die Frau Birkenbihl angegeben hat.

Tabelle 1 neurologische Grundbedürfnisse und strategische Maßnahmen (vgl. Birkenbihl 2007, S. 27)

1	Assoziatives Denken	ABC-Listen
2	Bedeutung suchen	Ball-im-Tor- Effekt
3	Eigene Entdeckungen	Chorsprechen
4	Herumprobieren	Fragen
5	Imitation	Hierarchisieren
6	Incidental	Infos festhalten
7	Muster suchen, finden, erkennen	Kategorisieren
8	Neugierde	Lücken-Management
9	Spiel-Trieb	Metaphern-Spiel
10	Vergleichen	WQS - Wissensquizspiele

Wichtig ist die Tatsache, dass die Anwendung dieser Techniken sehr wenig Zeit kostet und alle Beteiligten, also sowohl Eltern, LehrerInnen als auch SchülerInnen von ihnen profitieren. Ich werde nun auf einige der oben genannten Themenbereiche näher eingehen. Wenn Kinder und Jugendliche aktiv mitdenken dürfen, aktiviert dieser Vorgang den Neuromechanismus „Assoziationen". Das passive Wissen kann somit an das innere Archiv „angezapft" werden, was wiederum Interesse für das Thema auslöst. Anschließend empfiehlt die Autorin, gefundene Ergebnisse zu vergleichen, weil man danach für Infos für das, was die Lehrperson zu erzählen hat, besonders offen ist. Zusätzlich informiert uns Frau Birkenbihl darüber, dass nur jenes, das sich ein Mensch aktiv selbst erarbeitet, auch wirklich verstanden werden kann. Ich komme zunächst zum Thema „assoziatives Denken". Die Autorin ist der Meinung, dass wir immer dann assoziativ denken, wenn wir selber denken dürfen, denn die natürliche Art des Denkens ist assoziativ. Bedauerlicherweise lässt der Unterricht viel zu wenig Raum für diesen Bereich. Solche Assoziationen können entweder intellektueller oder emotionaler Natur sein. Ein weiteres Problem liegt darin begründet, dass sich die Fähigkeit, reichhaltige Assoziationsketten zu bilden, erst im Schulalter entwickelt, und Kinder, die ständig daran gehindert werden, in dieser Art zu denken, lernen es nie. Daher ist es ein großes Anliegen von Frau Birkenbihl, insbesondere

Kinder aus bildungsfernen Familien zu helfen, assoziativ denken zu lernen. Die leichteste Möglichkeit, assoziatives Denken auszulösen, findet sich in der Frage: „Was fällt Ihnen zu diesem Thema ein?" Weitere Möglichkeiten für Assoziatives Denken wären sogenannte „ABC-Listen ", was das gleiche ist wie das „senkrechte Stadt-Land-Fluß", oder „KaWa.s" anzulegen. Eine weitere wichtige Methode ist die des „Ball-im-Tor-Effekts". Laut Frau Birkenbihl ist es unmöglich, ohne direktes, unmittelbares Feedback zu lernen. Nur mit einem Feedback können wir eine direkte Verbindung zwischen erfolgreichem Lernen und Selbstwertgefühl herstellen. Sie erwähnt ebenfalls die Tatsache, dass eine Bedeutung nichts „bedeutet", wenn sie uns jemand vorsagt, weil wir dann selber nichts entdecken können. Dadurch entsteht der Eindruck, dass es nur eine einzige mögliche Bedeutung gibt. Als Konsequenz hört man bald auf, selber zu denken. Deshalb ist es wichtig, dass LehrerInnen ihre Schützlinge dazu motivieren, den Sinn eines Begriffes, eines Satzes oder Textes selber zu finden. Etwas das mir sehr wichtig erscheint, ist es, die Methode der Fragen zu beschreiben. Laut Vera F. Birkenbihl öffnen Fragen den Geist, denn wenn uns jemand eine Frage stellt, reagieren wir reflexartig und denken über eine mögliche Antwort nach. Wenn man selber Fragen formulieren und stellen darf, dann lernt man am leichtesten. Die Fähigkeit, Fragen zu stellen, wird durch die Gesellschaft bedauerlicherweise meistens unterdrückt. Eine Möglichkeit ist die, offene Fragen zu formulieren. Hier versucht jede Person, so viele Fragen zu einem bestimmten Thema zusammen zu tragen, wie möglich. Hierbei fällt auf, dass Lernende nur solange Probleme mit dem Finden von Fragen haben, wie sie noch zu wenig über das Thema wissen. Beim Anwenden dieser Methode erkennt man relativ schnell, dass jede Antwort auf eine Frage weitere Fragen mit sich zieht. Dies bedeutet dann, dass man tatsächlich lernt. Als Nächstes beschreibt die Autorin den Vorgang des Imitierens. Wir lernen unbewusst durch Imitation von Menschen, mit denen wir uns umgeben. Hier rät uns Frau Birkenbihl Folgendes: Wenn wir eine neue Sprache lernen wollen, eignet es sich besonders gut, wenn man sich eine Audio-CD mit einem Vortrag in der fremden Sprache anhört. Für Verhaltensaspekte sollte man sich mit fleißigen oder fröhlichen Menschen, je nachdem welches Verhalten man erzielen möchte, umgeben, dann wird man sich bald ähnlich verhalten wie diese und so weiter. Eine der schönsten Möglichkeiten, Lernende zu einem Thema hinzuführen, bieten Lückentexte, denn dabei sind wir dazu gezwungen, aufmerksamer zu lesen. Sie eignen sich des Weiteren besonders gut, um Lernende auf Prüfungen vorzubereiten. Hierbei entfernt man einfach die für die Prüfung wesentlichen Begriffe, Namen oder sonstige Daten. Das Passive Hören ist laut Birkenbihl ebenfalls zu empfehlen. Wir hören eine CD, auf die wir vorher den zu lernenden Stoff hinaufgesprochen haben. Nebenbei können wir alles machen, was wir sonst auch tun, wie zum Beispiel einen spannenden Film ansehen oder ein Buch lesen. Passives Hören zieht am Bewusstsein vorbei und schiebt das Gehörte ins Unterbewusstsein. Diese Methode eignet sich besonders gut, um neue Nervenbahnen anzulegen oder um einen gelernten Stoff zu wiederholen. Ankündigungen können Menschen motivieren, eine schwere und anstrengende Zeitspanne zu überwinden, wenn sie an etwas, das versprochen wird, interessiert sind. Grundvoraussetzung hierbei ist es, ehrlich zu sein. Die Autorin meint damit, dass man SchülerInnen zum Beispiel ein langweiliges Thema dadurch vermitteln kann, dass man eine Tätigkeit ankündigt, die sie lieben, wenn diese mindestens 10 % der Gesamtzeit des Unterrichts dauert.

d. Prüfungen helfen nicht

Vera F. Birkenbihl ist der Überzeugung, dass Prüfungen nicht helfen, um eine Tätigkeit zu beherrschen und dass sie des Weiteren nicht hilfreich dazu sind, Faktenwissen langfristig zu speichern, um später auf das Wissen zugreifen zu können. Die größte Gefahr, die Prüfungen mit sich ziehen, ist die, dass immer mehr Kinder stresskrank werden. Dem Kind fehlt das „neuronale Kostüm, das benötigt wird, um eine Prüfungssituation souverän meistern zu können. „Das ständige Versagen ist für viele SchülerInnen neurologisch vorprogrammiert." (Birkenbihl 2007, S. 201) Neben gelerntem Wissen muss man auch über die Fähigkeit verfügen, das Wissen sofort abzurufen. Diese Fertigkeit ist aber bei Kindern noch nicht vollständig ausgebildet. Nur Kinder, die von ihren Eltern zu Hause gefördert werden, können dieses Problem bewältigen. Wir führen aber schlechte Noten meist darauf zurück, dass sich das Kind nicht genug Mühe gegeben hat und darin liegt der Fehler des Bildungsproblems begraben. Zusätzlich muss ein Kind über ein Wissensnetz verfügen, wenn es einen Text verstehen will. Je jünger die Kinder aber sind, desto weniger ausgedehnt ist dieses Netz. Eine Denkblockade nach der anderen ist die Folge. Die Autorin betont aber, dass nur kleine Kinder keine Prüfungen absolvieren sollen. Bei Jugendlichen sieht die Sache ganz anders aus. Prüfungen ab dem Alter von vierzehn Jahren können sehr positiv wirken, aber sie müssen ohne Notenvergabe erfolgen, denn wer für Noten lernt, lernt nicht wirklich. Gibt es eine Note, so will die Person die Note, und nicht das Wissen, sie will die Vorteile, die die Note schafft, nicht aber die Vorteile, die das Wissen selber ermöglichen könnte. Ein Vorteil des Gedankens der Notenfreiheit liegt darin begründet, dass Lernende selber überprüfen können, ob ihre Vorstellungen richtig sind.

Dadurch erkennen sie den eigenen Fortschritt. Des Weiteren scheint es wichtig zu sein, dass Jugendliche ihre Prüfungen in Kleingruppen selber korrigieren, was für die Selbsteinschätzung von Bedeutung ist. Prüfungen zu spielen, hilft uns, eine Situation vorherzusehen und zu erkennen, wie wir abschneiden, wenn wir uns in die Situation selber hineinbegeben.

Kritik

Meiner Meinung nach führt die Autorin sehr viele gute Methoden an, von denen sich mit Sicherheit einige in die Praxis umsetzen lassen. Ich muss jedoch kritisieren, dass niemals jeder Lehrer/ jede Lehrerin sich an alle Punkte halten kann, denn erstens kann sich, so glaube ich, fast niemand alle Methoden merken, weil es einerseits so viele verschiedene gibt und andererseits weil sie von Birkenbihl teilweise so komplex dargestellt werden, dass sich die meisten Menschen wahrscheinlich nicht die Mühe machen, jeden einzelnen Punkt aufs Detail durchzuarbeiten und sich dann auch noch zu überlegen, wie sie die jeweiligen Ansätze auf ihre verschiedenen Themen übertragen sollen. Des Weiteren würde die Schule bei Anwendung aller Techniken als die Institution, wie alle sie kennen, nicht mehr existieren, sondern sie würde vielmehr einem Kindergarten ähneln, in dem es nur noch darum geht, alles mit unterschiedlichsten Spielen und ohne jeglichen Druck zu erreichen. Die Tatsache, dass sie die Abschaffung von Prüfungen für Kinder unter 14 Jahren fordert, muss ich ebenfalls ablehnen. Ich bin nämlich der Ansicht, dass Kinder und Jugendliche Prüfungen benötigen und ebenfalls die Noten. Einige Fragen, die ich der Autorin gerne stellen würde, sind folgende: Was wäre eine Schule tatsächlich, würden keine Noten existieren? Hätte die Schule dann überhaupt noch einen Sinn? Woran würde man seine Leistungen messen können, wenn nicht an Noten, die uns zeigen, wie weit wir vom erwarteten Lernziel entfernt sind? Ebenfalls wäre die Sozialnorm nicht mehr erkennbar, denn wir könnten nicht mehr bemessen, wie gut oder schlecht wir im Verhältnis zu anderen sind, es wäre also keine Rangordnung mehr feststellbar und alle Lehrende würden als gleich intelligent, fleißig und so fort beurteilt werden, obwohl dies vielleicht überhaupt nicht den Tatsachen entspricht, sondern sich nur nicht mehr in Noten zeigt. Ich denke, dass sich gerade die Jugendlichen, die fleißig sind und gerne lernen, benachteiligt fühlen würden, weil sie mit den faulen und weniger tüchtigen SchülerInnen in ein und denselben Topf geworfen werden würden, was eventuell auch zu heftigen und lang andauernden Konflikten unter den Lernenden führen könnte. Wer würde sich denn in einer solchen

Institution noch anstrengen? Ich denke, dass die Auffassung, die Frau Birkenbihl hegt, zu noch mehr Faulheit vieler Kinder und Jugendlicher führen würde, wie sie jetzt schon vorhanden ist. Ich kann laut meinem Kenntnisstand nur von mir persönlich ausgehen und ich weiß mit hundert prozentiger Sicherheit, dass ich in meinem Studium, wenn es keine Note gäbe, für Vorlesungen und Seminare, die mich weniger interessieren, wie zum Beispiel die „Methodologie der Erziehungswissenschaft" keinerlei Bemühen zeigen würde, weil es ja im Endeffekt gleichgültig ist, ob ich nun nichts oder ob ich tagelang lerne, weil das Ergebnis dasselbe ist, nämlich keine Note und trotzdem der erwünschte Abschluss.

und ich denke, dass es vielen anderen SchülerInnen genauso gehen würde und dadurch noch mehr Jugendliche aus der Schule kommen, die weder lesen, noch rechnen und schreiben können. Es würden sich wahrscheinlich sehr viele unfähige und ungebildete Menschen als „Master", „Doktor" oder Sonstiges bezeichnen und das kann keine Regierung zulassen, die an gut qualifizierten Arbeitnehmern und Unternehmern interessiert ist. Ich muss hier noch anmerken, dass Frau Birkenbihl zwar erwähnt, dass für Jugendliche Prüfungen wichtig sind, aber wie solche Prüfungen aussehen sollen, darüber scheint sie sich keine Gedanken gemacht zu haben. Anstelle von Noten durch Lehrpersonen zu erhalten, sollen sie ihre Leistungen selber beurteilen. Ich denke, dass diese Methode sehr leicht zu Selbsttäuschungen führen kann, weil man einfach Dinge ausbessern kann, die man falsch gemacht hat, außerdem macht es sowieso keinen Unterschied, ob man nun alle Antworten richtig oder falsch gemacht hat, weil den Abschluss bekommt man schließlich ja geschenkt und für etwas das man geschenkt bekommt, muss man sich nicht wirklich anstrengen. Also würden   SchülerInnen, deren Antworten alle falsch sind lächeln und die Situation schnell wieder vergessen. Haben sie dagegen bei einer Prüfung, für die es eine Note gibt, alle Antworten falsch, so werden sie eher über ihre Leistung nachdenken und sich beim nächsten Mal mehr bemühen. Mir persönlich gefallen die Bilder in ihrem Buch sehr gut, weil sie ein sonst eher trockenes Thema amüsanter gestalten und einem das Durcharbeiten dadurch wesentlich leichter fällt. Die Anmerkungen an den Rändern empfinde ich dagegen als irreführend, weil man ständig den Blick vom Haupttext abwenden muss und dann nach Durchlesen der Bemerkungen, die meist ohnehin nur eine Wiederholung des Gelesenen darstellen, den Faden wieder finden muss, was relativ zeitaufwendig ist.

Das sind im Allgemeinen die Punkte, die mir aufgefallen sind. Ich kann zusammenfassend sagen, dass ich einiges von der Autorin gelernt habe, aber dennoch etwas enttäuscht von dem Buch bin, weil sie einige Ansätze enthält, mit denen ich, wie ich oben angeführt habe, überhaupt nicht einverstanden bin und weil mir auch viele der angesprochenen, teils nicht einmal genau definierten Methoden, im Unklaren geblieben sind.

Literaturverzeichnis

Mueller, Jessica (2010): *Vera F. Birkenbihl und ihre erstaunlichen Programme.* Verfügbar unter http://www.suite101.de/content/vera-f-birkenbihl-und-ihre-erstaunlichen-programme-a81297 (Stand 25.06.2011)

Birkenbihl, Vera F. (2007): *Trotzdem Lehren.* 4. Auflage. München: mvg Verlag.